강물의 정거장

박재곤 시집

책펴냄열린시

박재곤 시집

강물의 정거장

지은이 박재곤
펴낸이 최명자

펴낸곳 책펴냄열린시
주소 부산광역시 중구 동광길 11 203호
전화 051 464 8716
출판등록번호 제1999-000002호
출판등록일 1991년 2월 4일

인쇄일 2014년 12월 06일
발행일 2014년 12월 10일

값 8,000원

ISBN 978-89-87458-86-1 03810

국립중앙도서관 출판예정도서목록(CIP)

강물의 정거장 : 박재곤 시집 / 지은이: 박재곤. -- 부산 : 책펴냄열린시, 2014
p. ; cm

ISBN 978-89-87458-86-1 03810 : ₩8000

한국 현대시[韓國現代詩]

811.7-KDC5
895.715-DDC21 CIP2014034105

제3시선 06

강물의 정거장

박재곤 시인

경북 청도 출생. 경북고, 경북대 상대 졸업. LG화학 근무, 전 부일 Benif 대표.

계정 민이식 선생에게 문인화를, 삼현 김진희 선생에게 서예를 배웠다.

추사 휘호대회 금상(서예, 문인화), 서도민전 입선, 부산진구청 시부문 최우수상.

국제 차어울림문화제 차시 은상.

《그림나무 시》(2014)에 작품 발표. 〈그림나무〉 회원.

고향에 황토 집을 짓고 우리 토종 꽃과 나무를 키우며 자연과 더불어 살고 있다.

benifpark@hanmail.net

■자서

청도 각북의 가을 들녘에 서있다. 호구지책을 위해 떠돌다 익숙한 길을 멀리 돌아왔다. 중간에서 만난 내 언어들이 사치일 수 있을까? 맨발로 계속 걸어가면 못 다한 말을 마저 할 수 있을까?

황토방에 군불을 지핀다. 한 줄 뿐인 생의 이력을 덮고 한잠 푹 자고 싶다.

뜨락에 지천으로 열려있는 반시감은 까치밥이 되건 말건 그냥 둘 것이다. 이 첫시집을 오년 전에 돌아가신 어머님께 바친다. 그분이 아니었다면 글도 깨우치지 못 한 채 미망 속에 헤매고 있을지도 모른다.

2014년 11월 입동

청도 비슬산방에서, 박재곤

제 1 부 달팽이의 꿈

제 2 부 낙엽을 만나다

제 3 부 겨울 소나무

제 4 부 아궁이 앞에서

제 1 부

달팽이의 꿈

가난한 날의 기억

달빛이 놀다간 텃밭에
꽃양귀비 새벽을 적신다
상추 대신 꽃이라니
지청구 소리 흘려 듣고
꽃이 부르는 노래를 듣는다
다 말해 줄께
쑥이 꽃양귀비 된 사연을
쑥떡이 맛있다는 사람들을
한 번 더 쳐다본다
동굴 속에 주저앉은 유년의 쑥은
문질러도 지워지지 않는 풀빛 문신
쑥 털털이도 못 먹는 날에 찔레순
허기질 땐 뱃속이 아렸다

낮은 자리에서 기댈 곳 없는 언덕을
숨차게 오르자
끝 모르는 날개짓이 가난인 걸 알았다

누룽지에 부지깽이 나물이면
뼛속까지 불던 실어증도 사라졌다
쑥만 뜯던 작은 짐승 발밑에서
쑥 대신 웃고 있는 양귀비

가뭄

갈색으로 변한 어린 모는
갈라진 바닥으로 추락하고
청보리는 잉태를 포기한 지 오래
마른 땅에 이마를 박는다

하늘 원망하는 한숨조차도
뜨겁게 느껴질 무렵
마지막 물기 짜낸 바위가
웅덩이 속 잔해를 응시하며
미라가 된 피라미를 위로한다

물매암이 사라진 연못
빗방울 후드기면
피라미는 다시 방주를 타고
황토 물속을 헤엄친다

감

우윳빛 왕관을 쓰고
세상과 만난 소년

젖꼭지보다 작은 입
별빛 마시며 견딘 사춘기

햇살 잡으러 바쁜 잠자리
구절초 흰 이마에 입술 남기고
우듬지에 올라가
젖가슴을 자랑한다

보아 주는 이 아무도 없어
여울목에 나뭇잎만 떨군다

고향 들녘

키 큰 미루나무 바람이 될 때도
들녘은 가부좌하고 움쩍 않는다
등짝 후려치는 서릿발 밀어내고
아지랑이 어른거리면
들녘은 꽃단장을 시작한다

윤기나는 파랑 물결 속에
드러눕고 싶다
보드라운 가슴팍에 안길 때는
깊은 박하 향香에 빠진다

전설
물결은 더 이상 출렁임을 포기한 채
동굴 속으로 돌아가고
배고픈 고라니 밤새 울부짖는다
초록을 감당하지 못한 나무들도
마을로 하산下山 한다

수억의 나뭇잎에 가리어
어둔 밤길을
잃어버린 보리 내음 찾아
유년의 고향 들녘을
맨발로 걷는다

나의 손

대야에 손을 담근다
손은 가지 부러진 고목
고단한 몸을 옆으로 누이고
상처를 꿰맨다

흘려보낸 나이테를 잡겠다고
윈 가지 아래로 손바닥을 받쳐보지만
금간 허공이다

붙들지도 못할 하늘을
움켜쥔 것은 바람이었다

새벽이 되어도 보이지 않는 길
벌판을 뒹굴며 환호하는
그날은 언제일까

누워도 편치 않는 마음

몸을 뒤집어
눈물 나는 우화羽化를 꿈꾼다

늙지 않는 江

– 낙동강

삼랑진 지나면 구포나루
발꿈치 붉게 물들어도
서두르지도 앞지르지도 않으며
을숙도에 올라 신발을 벗는다

모르고 젊어진 수레바퀴
걸을 적마다 발바닥에 잡힌 물집
구름이 꼬여도 주지 않는 눈길
스쳐 보낸 찔레꽃 유혹
갈대숲을 적시는 바람이 된다

논병아리 자맥질하는 한낮
산은 발을 담그고
푸른 머리칼을 빗는다
깊이를 알 수 없는 낭떠러지로
떨어진 단풍은 흑백이 된다

일부러 구불구불 먼 길 돌아도
종점으로 떠밀려 가는 윤회
한 번도 본 적 없는 남해바다
더 많은 강물 가두었다가
늙지 않는 소금이 된다

달팽이의 꿈

손과 발이 떨어져나간 사내
산티아고 순례길을 천천히 간다
집도 버리고 먼지가 무거워 속옷도 벗었다
해를 안고 가면은 폭신하지는 않더라도
몸 하나 누일 침대를 구할 수 있능교
경상도 사투리가 자꾸만 헛돈다
물은 제살을 깎으며 내려가자 한다
대답이 없더라도
억겁으로 숨을 쉬는 길 위로
고추잠자리 바삐 달리는데
제자리 맴돌며 돌탑만 쌓는 사내
혼자서는 머릿돌을 올릴 수 없는 불구가
아파서 그런단다

*산티아고 순례길: 스페인, 천년의 세월동안 무수한 사람들이 조개껍질을 매달고 지팡이를 짚으며 걸어온 길 세계에서 가장 오래된 아름다운 길로 총800km(1개월)

동백숲에 들다

강진갯벌 보이는 백련사 기슭에는
발 시린 동백들이 허리 맞대고
새해 아침 떡국을 나눈다
생각 없이 그냥 먹는 나이는 없다고
은물결에 씻어도 펴지지 않는
주름살 하나 굽은 목에 걸었다

검푸른 잎사귀가 덕담 대신
혼자 떠난 남녘길 무슨 맛 있느냐고
멀쩡할 때 떨어지는 한 생애
아쉽기만 하냐고
수천의 밤을 먹은 입술이 소곤거린다

숲정이 밖으로 마실 나가지 못해
주저하며 걸어 온 길을
그예 바람에 돌려보내고
팔색조 목쉰 노래 들을 수 없어도

지상의 어떤 꽃무리보다
앉은 자리 지키는 천둥벌거숭이

겨울이 깊을수록 신명나는 정강이뼈가
봄을 잣아 올리는
초하룻날 동백숲에 들다

*숲정이 : 마을 부근에 있는 숲

밤

느릅나무 가지에 앉아있던
여윈 빛살이 쫓겨 가면
심장은 신발을 벗고
숲가마에 몸을 담근다

알갱이가 검을수록 엷어지는 잠결
히말라야 설산이 다가오고
동해바다 미역 내음도
탱자나무에 걸린 연을 찾으러
혼자서 부르던 노래
마음속에 불빛 하나 켠다

칠흑에 갇혀
요정과 춤을 추는 산 속에서
자목련과 나는
한 이불을 덮고 잔다

멸치

쪽빛 바다 놀던 은빛 지느러미
베란다에서 해바라기 하고 있다
하얀 갈기 세운 물살 넘나들며
파도타기 하다가 등이 굽었나
삼삼오오 모여앉아 귀향을 준비한다

죽방렴에 들거나
후리그물에 몸이 끼거나
스스로 택한 길이 아니라서
감지 못한 눈을
가을볕이 한 겹 두 겹 염을 해주었다

섬과 뭍 사이에서
풍기는 소라 내음에 홀리고
혀끝으로 뜯어 먹던 우뭇가사리
쌓았다 허무는 모진 몸을
물속 깊이 묻었다

병아리 입학식

교실 뒤에 앉은 할머니 귀에
자꾸만 들리는 손녀 목소리
유치원 입학식 날
얌전하게 맨 앞줄에 앉았지만
다른 아이들만 먼저 받아가는 뽀로로 가방
저러다가 내 것 없어질라

“예쁘게 앉았는데 왜 안주지?”

순한 눈망울에 담긴 첫 물음표
콩나물 닮은 노란 목 내밀고
하마나 제 이름 부를까봐
콩닥거리는 참새 가슴
선착순과 가나다순 잠간 잃어버린
초보 선생님 덕분에
병아리가 처음 들어간
터널 속 어둠은 길고 길었다

아내는 낙상홍

새재 넘어 처가에 들렀더니
장가 잘 갔다고
경상도에선 시집 잘 왔다는데
밴댕이속이 소금을 만나자
서운함도 곰삭고
그 말이 그 말인 것을
숱 많던 머리에 가뭇없이 내린 안개
점차 그녀의 갈비 하나로 닮아가는
세상 남자들은
아내의 아들인가보다

가끔은 발톱을 세워보지만
혼자 먹는 밥맛이 싫증 나
아내가 던져주는 통닭 맛에
박제가 되어버린 표범
런닝셔츠 하나가 4만원이라니
그 돈이면 쇠고기가 몇 근인데

맨살에 달라붙는 온기
순면 100수보다 섬세한 속내
나오려는 말을 삼켜버렸다

마른 풀을 태우는 바람 이는 저녁
손을 내미는 붉은 낙상홍
환희 웃는 가지런한 치아가
밥상에 수저 두벌 놓는다.

*낙상홍: 감탕나뭇과의 낙엽교목 가을이면 붉은 열매가 아름다워 정원수로 많이 심는다.

첫돌 잣나무

—이정민에게

가뭄 끝에 내리는 단비처럼
태어난 순간부터
기쁨과 희망을 선사한
정민아

빠르게 지나간 일 년을 보내고
맞는 첫돌
하늘도 푸르구나

높은 꿈과
꽃보다 예쁜 심성으로
곱게 자라거라

낳아주신 부모님보다
키우고 보살펴 주시는
할머니 할아버지
남을 배려할 줄 아는

사람으로 자라거라

봉은사 벚나무 기상으로
눈비 맞고 자라는
늘푸른 잣나무를 닮거라

종이 위에 피는 목단

종이가 화를 품는 날에는
붓을 주어도 헛일이다
맛난 색을 주어도 삼키지 않고
아픈 노래도 외면해버리는
돌아앉은 애인이여

시간은 종이 위에 금을 만들고
모서리가 닳도록
우레와 번개의 담금질
발효된 땀으로 목을 축이면
이윽고 개벽하는 목단 한 송이

천년 차나무

섬진강 물안개 풀무질 하는 날
늙은 차나무가 강물 위를 걸어오고 있었다

생손을 앓으면서도
한자리에 앉은 천년
거친 발을 씻어주자 앙금 없이 떠는 몸
저를 품은 지리산만 한 줄 알았더니
두 볼이 창백한 키 작은 나그네

앉은자리 지키는 이 너 뿐이겠냐만
시집가는 딸의 치마폭에
너의 씨만 뿌려주는 어머니
소나기에 속잎 씻기우고
우렛소리에 귀가 뚫렸다

곡우 무렵 차인이
맨살 곳곳에 떠오른 초승달을 따다

가마솥에 담금질한 몸

향기로 감싼 뜨락에 찾아온
흰 꽃잎은
찻잔 속에 자라는
눈물이어라

푸조나무의 아침

박새가 길어온 한 모금 물로
정수리에 앉은 먼지를 씻고
설렘으로 만나는 아침
온기 사라진 저잣거리에
수영만 물결소리 들었다

나이 들수록 가슴은 부풀고
세월을 눙쳐 만든 사리
넓은 어깨에 걸쳤다

벗은 몸 위를 바람이 할퀴어도
두 팔 가득 겨울을 끌어안고
하늘로 올려 보내는
미소가 따스하다

창망한 물굽이 너머
대마 섬이 손짓해 와도

뜬눈으로 지켜본 또 하나의 옹이
다시 자라는 뼈를
나이테에 깊이 묻었다

*푸조나무: 느릅나무과에 속하는 우리 토종나무 부산 수영동 사적공원에 있는 푸조나무는 천연기념물 제 311호로 나이는 500살인 당산목이다.

하짓날 밤

가덕 천성마을 사는 윤형만은
밀짚모자 챙만한 텃밭에
자색 고구마를 심었다
가냘픈 싹은 눈썹달이 보낸 안식
곁에 앉아 귀를 세우면
낮게 노래하는 참숭어 무리
바다 밑 깊은 곳으로 발을 뻗어
수족관에 갇힌 친구들을 부른다

다니지 않으면 녹스는 침매교를 건너
열셋 모인 하짓날 밤은
긴 시간 지나도 잠들지 않는 이야기들이
청년이 되어 돌아왔다

석류나무 가지에 걸린 트럼펫 소리
일제히 어둠을 밀어 올리는 밤
개펄을 밟은 신항만 불빛 위로

작은 약속을 지킨 음표들이
먼 기억을 꽃 피운다

함박꽃, 피운다는 것은

꽃을 피운다는 것은 누군가에게
가까이 다가가는 몸짓이다
바람이 몸 흔들지 않아도
봄이면 무슨 언약처럼
여린 목덜미 끝에 꽃송이를 매다는 일

의성에서 시집 와
삼년동안 가슴앓이 끝에
초여름 기다려 말문을 터뜨렸다
적요로 시린 뜨락이 환해진다

목에 감기는 향기를 뼛속 가득 담았다가
질펀한 노래 남겨놓고
누군가에게 주고 싶은 미소를
막무가내 되풀이 한다
꽃 피운다는 것은

제 2 부

낙엽을 만나다

감은사지 석탑

함월산 넘어 온 바람 줄기
흩어진 뼈들을 모아
곁기어린 몸을 만들었다
동해에 아우성치는 햇살
수조에 담아 묵은 그을음을 씻어냈다

다시 오는 가릉빙가 만나려고
금당 터에 부유하는 발자국들
혼자였다면 서러웠을 천 년 동안
수만 번 찾아오던 우레 속에
하늘 우러르던 형제여

나이테에 젖을수록
빠져 내리는 발바닥은 갈라지고
기다리지 않아도 오는 봄 앓이
비질하는 그림자 둘
정수리에 돋는 하늘이

눈 감으니 보이네

*가릉빈가 : 알에서 깨어나기도 전에 울음소리를 내며 그 울음소리가 세상에 어떤 새와도 비교할 수 없이 뛰어나다. 극락정토에 깃들인다 하여 극락조로도 불린다. 상체는 사람, 하체는 새인 인두 조신의 모습.

강물의 정거장

시간을 타고 내려온 강물이
모래톱에 어깨를 놓는다

떡갈나무숲속 옹달샘에서 태어난 몸
낮은 곳으로 떠나며 자랐어도
언제나 모자라는 마음은
세상 끝없이 배가 고프다

쉬었다 가라는 갈대의 속삭임도
회귀하는 연어의 춤사위도
눈에 영원할 줄 알았는데
떠나온 기슭 풀뿌리가
들려주던 노래 다시 그립다

모난 돌부리에 채이고
나무뿌리에 긁힌 상처 추스르며
낮은 곳으로 다시 떠나기 위해

쉬어야 하는 모래톱
벌써 몸은 바다가 되어
발끝부터 출렁거린다

겨울 가야산

마루금이 산문을 열어준다
숲 속에 길을 만들며
오르는 발자국들
대팻집나무 쇠물푸레 물오리나무
낯선 이름들과 헤어져
서성재에 올랐다

땀방울 짊어진 사내들
깊이 찍은 발자취를
칼바람이 지우고
허기진 입술이 사과를 베어 물었다
몸 가벼운 멧새 훔쳐 볼 무렵
백발 성성한 일곱 부처가
푸른 가사 펄럭이며
합장하고 서 있다

거북등에 쉬고 있는 늙은 소나무

시린 하늘을 지척에 두고
천년이 애달파 뒤틀린 허리로
벼랑을 움켜쥔 채
거친 숨을 고른다

칠불봉 지키는 장승 하나
웃는 입술 사이로 떨어뜨린 어금니
승천하는 높새바람 향해
손 흔들고 서 있는 억새 등 뒤로
마루금이 산문을 열어 주었다

고등어

밀포드 사운드 유람선에 기대어
두고 온 땅을 찾다 놓친 물 끝
빙하를 탄 고등어가 북쪽을 가리킨다
잎에 문 유채꽃 한 송이
떠나온 물이 추자도임을 알겠다

자갈치 낮은 좌판에 뒹굴던 녀석이
예까지 따라 오다니
적도를 넘느라 부르튼 발등
날카로운 상어 이빨 피하고
성난 물길 돌아 온 땅에서
악수를 청하는 푸른 등의 친구여

칭얼대는 욕심 버리지 못하고
선착장에 내릴 때면
마지막 구석까지 채우고 싶은 갈증
목마른 것이 어디 너 뿐이겠느냐

뒤뚱거리는 나를 등에 태우고
자갈치 젖은 바닥으로 돌아간다

공곶이

남향받이 언덕아래
그 누구를 사모하여
지천으로 핀 산다화 창백한 얼굴이
마른 발길을 가로막았다
꽃 터널을 헤치고 온
햇살 한 줌, 쪽빛바다로 내몬다

굽은 길을 반듯하게 편 하늘
길은 강씨 등을 굽게 만들었다
건드리면 울 것 같은 야자수가
거친 해풍에 노숙하고 있다

아왜나무는 굴거리를 껴안고
동백과 혼숙하며 한겨울
오십년 달거리를 비탈에 쏟았다
넘어져 사리가 된 종려야자 아래
동면중인 수선화를 품었다

치자 물 향 흠뻑 마신 속 가득
잉태한 노랑나비 우화할 날 기다리며
자면서도 빠끔히 길손을 쳐다본다
실눈 뜬 알뿌리를 품고
허리 굽은 쪽동백 계단 길을 오른다
노랗고 하얀 새끼나비들도 함께
하늘에 오르는 길로 따라왔다

구형왕릉

폐부에 묻어 둔 오래된 약속
가슴에 돌을 안은
이천년 된 사내를 찾아 간다
낮은 소리로 흐느끼며
홍살문을 떠나는 물이
물든 잎을 데리고 간다
왕산자락 아래 돌집을 짓고
작은 창으로 밖으로 내다보며
누가 다녀가는지 묻고 있다
살아서 서럽던 임금 자리가
돌 더미 아래서 오히려 편하다고
묻어둔 뜨거운 말을
산벚나무 낙엽에 새겨 놓았다
천년동안 바람과 이슬로
이끼 낀 집이
궁색하지 않았나보다
이승에서 왕이었던 사내가

저승에서 띄워 보내는
붉은 편지 한통
거친 경호강을 떠간다

낙엽을 만나다

용담을 찾아 백양산에 오르다
바람고개 턱밑에서 떡갈나무 낙엽을 만났다
힘줄 솟구치며 물을 긷던 푸른 얼굴들이
두레박을 놓고
산기슭에서 노숙을 하는 동안
바람을 피해 등을 맞대고
체온을 나누어 가진다

오소리굴 이부자리가 되거나
계곡물을 건너가는 나룻배가 되거나
이유 있는 나들이를 떠나야 할 구절초
길동무를 기다리며 심호흡을 한다

바닥도 알 수 없는 곳으로
하강하기를 주저하는 나뭇잎 위에서
고추잠자리 붉은 장삼을 펄럭이며
승무를 펼친다 그냥 받아들이라고

길을 떠나는 것이 낙엽뿐이겠는가
골짜기 청수도 흰 웃음만 남긴 채
벌판으로 하산하고
도토리 입에 문 다람쥐도
목도리를 여미고 숨어 간다

이제 나를 버려야 할 시간
되돌아오기 위해 떠나는 잎을 위해
나무 아래 한참을 서 있다
떡갈나무가 된 몸을 흔들었다

내도

진해만 물굽이 달려오던 섬 하나
공곶이 앞에서 길을 잃고 갇혔다
모든 이들이 바깥섬으로 달려갈 때
제 손으로 낳고 기른 아이들
붓순나무, 생달나무, 까마귀쪽나무…
몽돌만큼 많은 낯선 이름들 모여 산다

내도 사는 식구들은 낙엽을 모르는 듯
나 좀 보아다오
스치며 바라보는 시린 눈들에
펴낼수록 짙어지는 바다 빛 자국

떨어지는 잎에 익숙한 눈길도
꽃이 되어 하늘로 오르는 꿈을 접고
모진 바람과 몸을 섞어
털끝조차 다치지 않는 저 율동
천 년 해송도 무릎 꿔였는데…

베풀고 사는 외딴 숲에서
잎 하나 떨구지 않는 고집을
거친 파도가 수심 깊이 잠재웠다
는개 자욱한 신선전망대 위
구실잣밤나무 부부
가슴에 드는 비바람 곱게 다스리고
반짝이는 잎에 하늘을 담았다

물잠자리

무섬마을 외나무다리 아래서
천렵을 한다
원을 그리며 날아가는 투망사이로
초록색 여름이 스쳐지나간다
모래톱에 앉아 푸르름으로 다가오는
산 그림자를 기다려 본다

다슬기가 조그만 입술을 오물거리며
내게 일러 준다
피라미 담은 양동이 엎질렀다고
꿀밤 먹이던 큰 형님

구름타고 하늘로 올라
물잠자리가 되었다고
칠월에 무섬마을 다리아래서
산 그림자로 다가오는
형님을 만났다

부용동의 밤

낯선 민박집 섣달 그믐밤
고산 선생 만나러
수백 년을 기다려온 어둠
이런 밤엔 깨어 있어야 해

청별항에서 배달 온 저녁밥
연잎에 싸들고
찾아가는 낙서재 길
앞서 찍힌 발자국은
세연정 노송 아래 초막 지을
질긴 새끼줄을 꼬고 있다

박제가 되어버린 노래들이
등 굽은 어부들에게
무슨 위로가 될까
바다 길에 눈물만 있나
일찍 부른 노래는 끝나지 않을 파도

늙으려고 태어난 내가 부끄럽다

지워진 발자취를 찾으러
부엉이 등에 올라
동천석실 저물녘을
뜬눈으로 날았다

*낙서재 : 고산 윤선도 선생이 보길도에 들어와 돌아가실 때까지 살았던 집.

*동천석실 : 낙서재의 맞은편 산에 독서를 즐기기 위해 만든 한 칸 규모의 건물

법기수원지

높이 쌓은 수원지 둑에 앉아
물에 두 손을 담갔다
핏줄이 솟아오른 내 손을
붉게 빛나는 소나무가 거칠게
내려다보고 있었다
백년 넘은 뿌리 물속으로 들어가
물에 비친 얼굴을 쓰다듬어 주었다

지워진 손금에 흘린 진땀과 발자국들
돌아서 흘리던 눈물을 닦아주며
가래나무 숲 직박구리 노래를
움켜쥐던 손에게
안개비를 맞는 호수 속에서도
살아 남아라 한다
바람 든 뼈마디 사이에
꽃을 피우라 한다

손바닥을 오므려 물을 긷고
손가락 틈새로 빠지는 하루를 보며
견고해지는 손들이
제방 위를 걸어가고 있었다

서이말 등대

화석으로도 떠날 수 없는 고도
다시 돌아 온 밤에 꿈꾸었다
홀로 헤엄쳐 가는 돌고래를
파도가 실어가는 동백꽃 낙화를

벼랑에 긁힌 상처를 핥으며
찾아와 주던 괭이갈매기가
거친 물결에 들던 혈기를
수심 깊이 잠 재워 주었다

이순耳順이 넘도록 앉은 한 자리
텅 빈 몸 벼랑 끝에 걸고
물길 밝히는
전생에 외눈박이 장승이었나

뜬 눈으로 밤을 지새운 날
불쑥 찾아 주던 붉은 산다화

잊었던 섬 하나 가슴에 못이 되어
눈물 글썽이는 온종일
낡은 등잔에 심지를 돋운다

*서이말 등대: 경남 거제시 일운면 지세포리 1944년 설치된 유인 등대로 천연 해식동굴과 기암괴석의 절경을 자랑한다.

서출지書出池 연蓮에 빠지다

감포 바다에서
거북등에 업혀 연꽃나들이
팔등신 미인송에 발자국이 이끌려
서출지 가는 길을 잃어버렸다

편지를 찾으러 온 까마귀
시든 고추대 해바라기하는
둑방길로 소매를 끈다

서라벌을 관통하던 물길을 붙들어
천년 동안 가둬 놓은
여기는 따스한 감옥
금오산 소나무 피와 살을 먹고
환생하는 무수한 발들

바람을 두드리다 싫증난 젊은 스님은
토함산으로 단풍놀이 떠나고

속빈 고목만이 남아
굽은 등으로 하늘을 밀어 올린다

여름내 눈웃음치다
칠불암 비구니가 된 푸른 연蓮
승냥이보다 무서운
저물녘을 쫓는 목어木魚
거미는 구멍난 하늘을 깁지도 않고
이요정二樂亭에 올라
낮술만 들이킨다

싸리골

이력서 한 장 주머니에 넣고
맨발로 들어선 원형경기장
입속에 밤마다 씀바귀가 자랐다
먼저 온 발들에 밟혀
자랄 수 없는 나이테를 추슬러
유년의 싸리골로 들었다

칼 대신 잡은 호미와 괭이
다친 세포가 하나씩 눈을 뜬다
마른 무좀은 딱새가 물어가고
눈빛은 점차 하늘을 닮는다

비설거지 마친 오후
눈 맑은 싸리 꽃을 만났다
우산도 없이 걷고 있는 꽃은
끓던 용암을 식히고
순례 마친 발에 입맞춤하는

소나기인 것을
다시 자라는 나이테와 함께
무너지지 않는 숲을 만든다

연곡사

졸고 있던 일주문이 중생을 맞는다
산 하나를 통째로 맨 어깨가 파들거린다
하늘 머금은 나무와 기와의
가슴을 죽비가 파고든다
한 시절 나를 지배한 이리들을 몰아내고
부도탑을 돌며 연기조사를 만난다
장좌불와하는 떡갈나무를 만난 것도 인연이다
산굽이 하나를 돌아 피아골에 나를 방생한다
굶주렸던 계곡물이 달려든다
처음에는 간지럽더니
날랜 은어가 되어 섬진강으로 뛰어간다
후회 없는 물맛이 달다
수족관에 부딪히고 닳아도 거친 물살이 그리웠다
수심 깊이 감춰진 열기를 눈치 채지 못하듯
열길 물속을 알 수가 없다
고로쇠 단풍의 비명이 명치를 때린다
허리에 약봉지를 서너 개씩 달고

잘 냉방된 병실에서 삼킨 것을 토해내는 환자들
별난 업보가 방생된 날은 언제일까?
가득 달린 꽃이 다시 웃을 수 있을까?
수액을 한 됫박 들이킨 후
장끼는 목청껏 곡을 한다
겨울이 놀라 달아난다

정승골에서

정승골 갔더니 주인은 떠나고
정승이 심은 서어나무 세 그루
곰삭은 뼈들을 바람 위로 밀어 올린다

산들이 가르마를 타고 정각산으로
행군하는 동안에도
기름길랑 배고픈 그믐달 먹이고
흰 주름 접어 내 얼굴을 감싼다

우람한 덩치가 작아 보이더니
오늘 다시 커져있는 나무를 보더라도
걸어온 길 아쉬울 건 없다
밤새 줄어든 나의 키를 노리는
벌목꾼 발길 두렵지 않다

우레를 삼킨 상처에 생살이 돋고
어디에도 합류하지 못하는

앙상한 잎사귀 하나가
내 눈을 찌른다

*정승골 : 경남 밀양시 단장면 구천리 정각산 골짜기에 있는 하늘 아래 첫 동네

지심도 동백섬

거제도가 아이를 낳았다
바람 거센 장승포 앞 바다에
난산을 하였다

파도가 휘두르는 채찍에 맞아
살점을 뜯겨온 가슴에
풍란 하나 곱게 키웠다

팔 한 쪽 잃은 후박나무
상처를 쓰다듬으며
바람을 탓하지 않는다
태고적부터 순종을 배웠다

흘린 꽃이 더 많아 울고 있는 동백
눈 속에 갇혀서도
늙지 않는 춘희椿姬는
팔색조 노래 들으며 벼랑 끝을 오른다

칠불암 삼존불

길들이 하나로 모여
봉화골 오르막을 오른다
무릎을 꺾어 길을 터주는
청청 시누대도 반은 부처다

칠불암 삼존불 발밑에서
공양미 얻어먹는 동고비를 본다

천년 동안 호통 한 번 않고
웃고 계신 아미타여래불
서출지書出池 묵은 연蓮이 맨발로 올라와
부처님 발아래 엎드렸다

어깨에 걸린 길을 내려놓아
가벼워진 몸
겨울에 피어난 연꽃을
눈으로 찍느라 잠시 사진기를 놓았다

제 3 부

겨울 소나무

감나무

오직 백만 송이 장미만 애찬하는 동안
아이 낳아 길렀다
로션 한 번 바를 겨를 없이
맨 얼굴로 살았다
이 숲 저 골짝 함부로 돌아다녀
발바닥은 거북등이 되고
책 한 권으로도 다 못 쓸
봄, 여름은 금방 지나갔다

내장산 단풍이 무엇이길래
줄을 이어 찾아갈까
기껏해야 먼지 쌓인 붉은 이파리
가난한 손들이 아이들을 앗아가도
사색이 될 것까지야
홀가분한 몸으로 바람이 되고 싶다
오방색 물감으로 화장을 하고
가을 산길을 걸어간다

겨울 소나무

귀 시린 날 말없이
사립문 내다보는 소나무는
빈 뜰을 지키는 어머니다
치렁하던 머리칼 한 올 뽑아낸 자리
솔새가 파먹다 남긴
빈 솔방울이 잠들어 있다

소한 아침 영하14도
후식 후 커피 마실 무렵에야
어머니 안부가 궁금하다

헐벗은 몸으로 감당하는 칼날 추위
벗은 발에 버선이라도 신겨 줄 것을
눈밭에 찍히는 동동 걸음의 신음
하얀 입김 허리에 두르고
싸락눈은 발등위에 떨어진다

길 떠난 상수리나무들이
아궁이에 불꽃으로 되살아날 무렵
저녁 굶은 그믐달을 품에 안고
형형한 눈빛으로 넘어 온
겨울산 중턱에 허리 휜 어머니

겹벚꽃

숨 쉬고 있는 동안
조신하게 걷던 나무계단 아래로
곤두박질 친 겹벚꽃
동그란 눈을 뜨고 하늘을 바라본다

높이 솟아 버린 허공
꽃을 버린 나무는 말이 없고
꽃 진 자리 차지한 작은 버찌
밑거름이 되어도 좋다

나 업고 다니던 스무살 누나
고목이 되어서도
꽃 피우고 열매도 다는 일을
한 해도 거르지 않는다

국화의 눈물

학교에서 국화를 가져왔다
청도 누옥에 오니 나보다 먼저
가을을 품고 왔다
봉오리 터뜨린 꽃은
혼자서 보는 게 힘든 일이다

꽃 피었다고 꽃이 졌다고
전해 줄 이 없고 보면
된서리 질펀히 내린 새벽
알몸으로 떨고 있는 어깨를
가만히 안아주었다

머지않아 비슬산으로 날아갈
꽃들을 모아 화병에 가둔 날은
종일토록 마음이 아렸다
박제가 된 캄캄한 방 안에서
흘리는 눈물을 뜨락에 내려놓았다

달개비

조팝나무와
키 재기 하기 싫어
땅바닥을 긴다

길게 누워
우물 속에 비치는 하늘
구름을 먹고 쪽빛이 된 몸
닭이 사랑하는 풀이 되었다

절망을 배워 금 간 꽃잎에
물잠자리가 찍은 하늘빛 연지
나이 들어서야 보인다

들국화

지난해 찾아온 무서리 기다리며
마당 모서리에 불 밝히나
대낮에도 꺼지지 않는 불빛
장명등을 켠다

봄부터 숨겨온 속내를
가을에야 터뜨리는 고해성사
뿌리에서 길어 올린 말들이
바람 몸을 달군다

골짜기를 건너온 노을빛을 안고
한참을 뒹굴다 제 집도 잊은 채
수척해진 네 얼굴에 입을 맞추다

늦은 가을 오후 빈 들녘으로
환한 산등성이가 가고 있다

산국

산국 서너 포기 화분에 심어 놓고
언제 꽃 피우느냐고
언제 필지 알 수 없다고
방안에 앉아 구시렁거리는 소리
때가 되지 않았는데 뭘
중지를 슬쩍 밀어 올린다

금낭화는 일찍 까불대다가
하얗게 육탈한 등뼈와
돌돌 말린 가죽을 거름 무더기에 묻고
복사꽃도 솜사탕처럼 부풀었다
허기진 풍선이 되었잖아

모여 있어도 성격은 제 각각
긴 기다림의 노역을 끝낸 꽃들만이
자유인이 될 수 있다

목젖이 닳도록 하늘빛을 마시고
따가운 햇살 잔뜩 먹고서야
꽃대를 뽑아 올린다
가끔 곁들이는 이슬 막걸리
창자 속을 희게 물들인 밤엔
울부짖는 산짐승이다
어물쩍 건너 뛴 시간이란 없다

금낭화만 사랑했던 눈길과
함박꽃을 만지던 손길을
꽃송이가 맵찬 죽비를 내려친다
저녁 바람에 흔들리며
달빛 위를 걸어 온
그대 발바닥이 노랗다

산다화

파도소리를 말아 목덜미에 감고
묵은 발등 위로
점점이 선혈을 뱉어 놓았다

봄에 왔다가 저물녘에 떠나는
다른 나무들은 아니야
살점 떨어져 나간 시린 가슴에
웃음 한 다발 선물하러
한 생에 오직 서리만을 택했다

모래가 뒤척이는 해운대
어긋난 뼛조각 꽃 속에 맞춰 놓고
저렇듯 활활 탈 수 있음은
오륙도에서 건너온 젊은 바람이
발목을 흔들기 때문이다

누리마루 비추는 그믐달에게

남은 양식 물려주고
또 다시 기다리는
삼백예순 날

살구꽃

대문 옆 허리 굽은 살구나무
바람 편에 실어 보낸 분홍 입술연지
화전 위에 질펀하다

여리고 가벼운 몸 지칠 때까지
나무와 땅 위를 오가야만 하는
윤회를 이고 겨울과 봄 사이
몸 떨리게 외줄을 탄다

긴 하루 돌미나리 캐던 손길
우듬지에 앉았는데
봄, 또 하나 지고 있다

석류의 노래

매끄러운 껍질 속에 갇혀
여름 내내 몸살을 앓았다
아직 설익어
속으로만 맴도는 흥얼거림

영글어가는 아랫배를
혼자 안고 뒹굴다가
목화꽃이 모자 쓴 날에
알알이 쏟아낼까 보다

달콤한 홍보석이 충만을 못 이겨
껍질을 부순다

페르시아 공주를 데리고
구름까지 다녀온 노래
목청껏 부르다가 목이 쉬는 사연을
지나는 바람도 알지 못한다.

수국잔치

절영도 태종사에 수국이 열리는 날
정수리 녹이는 햇살을 타고
절로 날아온 삼천 마리 나비

얼룩진 법당에서 트럼펫을 불다가
속을 채운 높은 음표들
절을 한 채 새로 짓고
파랗게 자지러지는 제비나비
변심을 숨긴 꽃에 심장이 멎었다

바가지에 쌀 씻으며
스님이 혀를 찬다
꽃 질 때까지만 영원한 것이
사랑이란다
소리를 다 덜어낸 웃음과 울음이
불전함을 채운다

온 산을 휘감아도
날개 하나 다치지 않는
육탈한 바람 속에서 나비는
살아야 하는 날들을
더듬이로 붙잡는다

수선화 품다

돌아 가는가 보다
입춘날 길 떠나는 눈발
억지 걸음 신호등에 떠밀려
이맘 때 교차로는 늘 통화 중

서귀포가 보낸 소포상자
산방산 졸던 햇살 담아
물굽이 돌아든 부산포에서
수선화 알뿌리를 품는다

작은 어깨 팔랑이며 꽃잎은
웃음 가득 담은 눈망울
속으로 들어오라 한다
등골이 휘도록 저만 보라 한다
순간마다 달라지는 꿈 속
사랑은 시작일 뿐인데…

시민공원 팽나무

철들 무렵 가슴속에
팽나무 한 그루 심고 싶었다
속으로 눙친 사리를 허리에 감은
수도승 닮은 나무
두통을 가지에 달았다가
배고픈 박새에게 먹이로 준다

오월 어느 날 팽나무 무리가
제주도 곶자왈에서
멀리 바람을 타고 날아와
내 안에 뿌리를 내리고
초록 향수를 뿌린다

엉겅퀴

손끝에서 피는 꽃은 안 돼
내 속에 들어오려면
화사한 눈망울에만 정신 팔려
비슬산 기슭에서 내려오는 발소리
뻐꾸기 울음 뒤에 들었다

억센 가시는 산철쭉을 마을로 쫓아내고
무너진 봉분 아래 놀 터를 잡았다
천 갈래 바람이 몸을 찢어도
한 올 한 올 빛을 뽑아 양탄자를 짠다

작아도 할 일 다 하는 꽃
푸른 산빛을 마시고
무너지지 않는 성을 쌓았다
이제 조금 보이네
거친 손으로 그린 자주 꽃대궁

영춘화

폭설에 길이 막혀 서성이는 입춘
새벽녘 서귀포에서 달려온
영춘화 한 그루 말이야
봄맞이 그것은 내가 할 일이야

웅크린 청보리 싹 등을 밟고
두 팔을 휘적일 때마다
겨드랑 사이에서
부리 내미는 병아리들
발자국을 죽여야만 들리는
봄의 숨소리

어느 가슴엔들
풀린 태엽 하나 없겠냐만
떨리는 손끝으로
밥 한 그릇 건네는 건
처음부터 봄의 일이었다

태산목

태산목이 꽃을 잉태하는 날
이웃한 이팝나무, 산수유도
밤새 수런거리며 산고를 함께한다

남국에서 시집 와
이름조차 몰라주는 낯선 땅
햇살에 그을릴까 잎새 뒤에 숨어
젖살 오른 우윳빛 봉오리
배냇향이 생강보다 아리다

잡지 못할 쉼터를 찾아
종일 품을 파는 나비를
나뭇잎은 부러워하지 않는다

뿌리 곁에 굳건히 누워
별빛 아래 향기 속
더욱 편한 그림자다

풀

경치 좋은 곳은 남들 주고
날선 호미가 위협해도 웃는 얼굴로
앉지 못하고 서 있는 종일
장딴지가 뻐근하다

뿌리째 뽑혀 거름 무더기에 던져져도
포기할 수 없는 생애에
푸른 멍이 들었다

벼랑 끝에 매달릴 땐
현기증 느끼는 팔다리
사방팔방 기어오르는 집념이
하루 이틀이더냐

한 모금 소낙비로 목 축이고
아무도 깨워주지 않는 아침
혼자서 키를 키운다

풍란

해오라기 깃털 이마에 꽂고
풍란은 암벽 고행 중이다
무거운 시간을 움켜쥔
지문이 닳도록
아파트 고층 안방까지
미소 띄며 찾아왔다

혀끝에 앉은 보랏빛 화심花心들
오랜 순례 끝낸 얼룩이다
남은 날 모두 내어 주고
바닥 모르고 떨어지는 몸이 찬란하다
공중에서 길을 물으며

제 4 부

아궁이 앞에서

거울

우레를 먹은 솔을 조문하러
정취암에 올랐다
경호강 거슬러 오르는 은어가
풍경을 울리고
요사채 빈방에 홀로 앉아있는 사람
차 한 잔 마시더니
제 아버지 허물 모두 내 뱉고
서로 닮은 것이 가당키나 하냐고
헛웃음 한 소쿠리 퍼붓는 수밖에

여드름 꽃이 피었다 지고
무수한 눈비에 패인 밭고랑
안개를 닮아 자주 바뀌는 얼굴
숨바꼭질 하는 술래가 되고
동구 밖 장승도 되었다가
먼 혹성에서 날아온 검은
가면을 걷어내자 낯이 익다

길 위에서

장꾼이 되어 걷는 남지 개비리길
등짝 파고 드는 장작과 바꾼
간고등어 한 손
보리쌀 두 되가 전부인 날은
낙동강이 나지막한 음성으로
주저앉지도 말고
걸어온 길 돌아보지도 말거라 한다

도둑놈 갈고리 덕지덕지 붙은
걸친 것 모두 벗어 던지자
하얗게 텅 빈 머리가
줄줄이 알을 낳았다

늘 동행하던 이명 대신
낮은 곳에서 오체투지 중인
마삭 덩굴의 숨결
휘파람새 목쉰 노래

들을 수 있다는 건 화려한 사치란다

허기를 채워주고
나를 지켜보고 있는
길 하나 찾았다 길 위에서

* 창녕 남지 개비리길 : 강가에 있는 벼랑이라는 뜻 남지읍의 영아지와 용산리를 잇는 왕복 10km 길은 남도에서 가장 아름다운 길로 손꼽힌다.

동산 아래 집을 짓고

동산 아래 집을 짓고
가지 쳐진 붉은 소나무가 되어
고개 숙이고 살아라 한다
멀리 걸어간 철길에서 돌아와
도라지를 심으며 살아라 한다

실체도 없는 그림자를 잡으러
덤벙대다 불똥에 덴 상처를
살색 고운 산기슭에 묻어 주었다

구절초가 웃는 가을날
누군가에 줄 홍시를 따서
단풍든 잎으로 덮어 놓았다

고향에 고향에 돌아온 날은
반딧불이가 되어 어둔 밤 밝히며
살아라 한다

불안한 자유인에 마침표를 찍고
나이 먹은 바위를 가슴에 안았다

동산 아래 집을 짓고
세월 모르는 농부가 되어
맨발로 살아라 한다

붉은 손

양대콩 밭두렁에 풀약을 친다
손이 뿌려대는 적의
안개를 뒤집어쓴 풀무치
노래 대신 비명이다

"친구야 그 손 좀 쉬게 하렴
 평생 들어온 노래
 그치면 어떡할래?"

자고 나면 조금씩 다리 힘을 길러
악사들이 도피해 간다
찌르륵 찌르륵 풀빛 울음만
이명으로 남았다

시제時祭

땅에 얼굴을 댄다
다북쑥 내음이 코에 안긴다
작년에 보였던 7대 손자는 없고
그 아들이 보인다

이웃집 시제 날이면
인절미 한 조각 얻어먹으려고
구름같이 모였던 코흘리개들
삶은 돼지고기
음복도 않고 사라지는 친척들
할머니 공엾 장미 한 송이
하늘로 오르더니

“재곤아 잘 먹었데이”

꽃은 화살나무가 되어
내 곁에 꽂혔다

식탁

맨발로 오세요 아침식탁엔
속이 익어가는 배추가
허기진 그늘을 날려버려요

상큼하게 데쳐진 고구마 순
밤새 먹고 사라진 고라니
밥값은 내려나
나의 손맛을 쫀득하게
즐기는 단골손님
가시울은 두르지 않는다

초록 시쓰루 속 연한 살 내음
당근향에 빠진 나에게
검은 여인이 보라색 잠옷을 입고
주인님 나를 드세요
여름내 지친 기색 없이
무겁지 않는 나른함을 서비스 한다

낱알을 쪼아 먹는 참새 떼
배추품 속을 파고드는 애벌레
홍시를 탐하는 산까치
모두 찾아와 골라먹는 재미
우울한 날에는 우리 집 식탁에서
담백한 음식을 드세요

아궁이 앞에서

쌀가루였으면 하던 그 함박눈
섬초롱 꽃잎 되어 쏟아지는 아침
황토아궁이 앞에 앉다

발가락 티눈 서너 개
남 몰래 다비식 하는 날
폭음 속에 얼룩진 억지와 객기가
불덩이 속에서 내뿜는 숨비소리
낡은 구두도 순장당해
연기만 피우고 이윽고 숯 한 덩이
소란스런 고요 속에 누웠다

뒷산 하나를 삼키고도
배가 고픈 아궁이
속이 더욱 깊어진 걸까
웃고 있는 노란 수선
김 서린 황토방에 누웠다

아버지

향기 채운 주머니마다
하얀 아카시아꽃 그늘 아래서
줄 맞춰 고추모를 심는다
호미 든 아버지를 본 적 없다
씨 뿌리고 돌보는 어머니
함께 한 모습을
이승에서는 보지 못했다

집 밖에서 늘 범나비 되어
날아다니는 아버지
던져진 칠남매는
목마르고 배고픈 날이면
참꽃으로 입을 달랬다

내 안으로 뻗어 간 뿌리
무성히 자라 열매 맺고
또 다른 아버지로 자랐다

휘어진 밭고랑에 아버지를 묻고
명치끝을 치고 가는 뜰에 새긴 말들은
무수한 공백으로 지워 버렸다

안경 1

바늘귀 쉽게 찾던
여름은 저물고
밝은 창문 옆에 서다
빛이 오는 골목 사이로
고개 내밀어도
흐린 것은 똑같다

빛을 갉아먹는 벌레들을
마주치는 순간
알몸으로 방어하는 너
동그란 몸이 허리를 말고
들은 적 없는 한숨 소리
차라리 접어버려라

안경 2

너와의 사랑은 이기적인 것
몇 달씩 독방에 가두었다가
목마를 때만 구애를 한다
그런 날이다
봄을 쪼는 딱따구리 둥지를 찾겠다고
창문 옆에 서다
바늘귀 쉽게 꿰던 눈을 찾으러
고개 젓는 새가 되어도
흐린 것은 돌아오지 않는다
둥지로 들어오는 가는 빛줄기조차
게걸스레 갉아먹는 날벌레들
맨몸으로 방어하는 너도 지쳐
동그랗고 매끈한 허리를 꺾는다
초점을 맞추려다 동공 잃은 너를
앰블런스에 실었다

우전

창문 하나 없는 겨울을 헤치고
숨소리 죽이고 찾아온 는개가
산록빛 우전을 안고 왔다

손톱 속 초생달 같은 몸으로
밀물 썰물 건너 손등에 앉은 너
이제 빗장을 열어야겠다

터지려는 울음 접어 서랍 속에 감추고
마주 앉을 별빛을 위해
동으로 찻물을 길러간다

낯선 사람들의 은밀한 두런거림인 양
깊은 바닥에서 걸어오는 비취색 숨소리
황토빛 다관 속에 몸을 푼다

너를 만나는 날은

찹쌀 풀 먹인 방석에
서늘한 네 꽃잎이 눈물처럼 앉아있다

의자

내 등에서 재롱떨던 아이가
출가 후에 의자가 되었다
누군가를 받치던 날은 떠나고
마루에 앉으라는 시간의 소리를
못 이기는 척 듣는다

물동이 고인 똬리 밑에서
큰 누나의 가르마는 늘 치자 꽃빛이었다
수더분한 똬리가 못되면
발 올리는 댓돌이라도
기대는 것보다 마음 편할 것이다

참외밭에 의자를 깐다
쑥쑥 자랄 때는 맨땅 위에서라도
푹 쉬어야겠지
단물로 속을 채워 주는 의자가
이랑마다 가득하다

인사도 없이

딱새 한 쌍이 처마 밑에 둥지를 틀었다
인사도 없이
등 뒤에 달라붙는 불안한 눈길이
나를 방안에 가두었다

입에 문 고추잠자리
새끼에게 먹이느라 부산떠는 활기가
빈 집에 매달린 적요보다 낫다
작으면서도 포근한 집
어릴 적 나도 둥지에서 살았다

인사도 없이 딱새 가족 이사 간 날
이소한 엄마가 빈 둥지로 돌아왔다
눈썹에 묻혀 온 백일홍 꽃잎 하나
맛있는 먹이인 양
새 새끼되어 받아먹었다
인사도 없이

입맞춤

구실잣밤나무 그늘 아래서
인연 끝에 만난 우전을
언 손으로 속주머니에 수습했다

쉴 자리 못 찾아 흰 뼈로 마감하는
잡목 틈새에서
제 키보다 긴 발을 뻗어
바위틈에 감췄다

속눈썹 끝에 매달리지도
눈바람에 돌아서지도 않고
흰 꽃 피우는 저 고집
허기를 참는 그 근성은
물려받은 피다

마른 혀가 닿지 못하는 차향
배냇 향기 온 몸을 채우고

하늘을 우려내던 두 손가락
다관 속에 빛나고 있다

막사발에 고이는 얼룩들
삼신봉 그림자 허리 굽혀 내려 올 무렵
둥글게 열려있는 네 창에
마른 입을 맞추다

황토방을 지으며

고향집 마당 가득 황토 들인 날
먼지 나는 남녘 길에 보리피리까지
저물도록 옛 시인이 따라왔다
황토가 따스하게 웃고 있어
겨울이 춥지않다

누구도 거부하지 않는 가슴으로
불을 먹고 사람을 녹인다
밤마다 꾸는 꿈,
매캐한 연기 자욱한 온돌방에서
여린 엉덩잇살 부비며 뒹굴던 어린 날을
오늘에사 만나다니
유전자가 바뀔리 있나

숙성된 반죽을 한켜 한켜 쌓을 때
지척에서 오리나무에 물 오르는 소리
봄 두 달은 그렇게 지나가고

황토가 모자 쓴 날
겹벚꽃이 활짝 웃었다
상처투성이 손을 만지며
나도 따라 웃었다.

호돌이

열 살 때 청도에 와서
삼년을 살았으니
칠십 노인이 다 되어
치렁치렁한 머리칼
보일 듯 말듯 감춘 눈

순한 그 얼굴로 어찌 귀신 쫓는다고
이름마저 삽사리냐
북에는 풍산개 남에는 진돗개
삽사리는 경상도 땅
천년 세월 지켜왔네

콧잔등에 땀방울 훔치며
송이 나는 골짜기 돌아
종일 빈 동네 순찰한다
봄밤 두견이 소리 귀 막고
연못 속에 숨는 잔별

아카시아 꽃보다
한 점 살코기가 향기롭다

올가미 벗던 날
함께 지낸 백일홍
재회를 기다리는
꽃무릇 하나
눈이 빨갛다

흑백 사진

나무 액자 속 방으로 옮기신 뒤
어머니는 밖이 궁금하다
미나리 새순에 햇살 내리고
범부채 꽃잎에 박힌 주근깨

“올해 감 농사는 우째됐노?”

숯 알갱이 밀려오는 한 밤이 싫어
대숲 속 직박구리 울음도 지쳤다

빗소리 가늘게 웅성거리면
몸을 곧추 세우신 어머니
들락거리는 바람소리 보듬어 재운다

액자 속 방으로 옮기신 뒤
부르는 노래 곱고
낡은 수건 자리에 걸려있다

평생을 쓴 것만 삼키신
그림 속 어머니
흑백으로 내 맘에 걸렸다

해설

목가적 상상력을 통한 사모곡

목가적 상상력을 통한 사모곡

강 영 환 (시인)

시가 목표로 하는 것은 무엇일까 우리는 시를 쓰면서도 시가 어떤 목적을 가지고 있는지에 등한시해 왔고 그저 시를 쓰지 않으면 못 배기는 정신의 상태라는 릴케적인 막연한 느낌에 의해 시를 제작해 온 것은 아닌지 돌아봐야 한다. 리챠즈는 분명하게 드러나는 목표를 제시한다. 그는 '정신의 전체적 상태, 혹은 정신적 조건, 시로 형상화 된 세계'라는 것이다. 좀 더 거칠게 표현하자면 언어에 의해 만들어진 의미들이 서로 충돌하며 만들어낸 '충돌들의 집합이 최초로 형성하는 세계'라는 뜻이다. 그러므로 리챠즈는 시인이 노리는 어떤 사회학적, 미학적, 상업적 혹은 선전적 의도나 희망들을 뜻하는 것이 아니라는 얘기다. 시는 시 이외의 어떤 목적성을 거부한다는 의미가 된다.

박재곤의 작품에는 어떤 의도성을 숨기고 있는 것으로는 보이지 않는다. 대상에 충실하거나 의미에 내포된 목적은 단순히 시를 쓰기 위한 시에 충실하다. 그러기에 어렵게 다가오는 작품도 없고 내연이 복잡한 구도로 짜여져 숨은 뜻을 가지고 있지도 않다. 그의 시는 다분히 정감적이며 낭만주의적인 요소로 구성 되어 있다. 꽃과 나무와 돌을 좋아하고 사람을 좋아하는 그에게 목가적 정취에 접근하는 건 당연한 것인지 모른다. 유년의 기억들과 고향 마을에 얽힌 이야기들, 그리고 식물들의 모습과 관찰 기록들, 그 내면에 침잠해 있는 식물적 상상력으로 점철되어 있는 시편들은 쉽게 읽혀진다. 그리고 우리 생활 주변에 흩어져 있는 사물이기에 더 정겹고 여행에서 만난 풍경들에 매료되어 그 느낌을 전달하고자 한다. 흔히 접할 수 있는 생활 속 소재들을 천착하는 그는 정직한 언어로 사물이 인간에게 혹은 시인에게 주고자하는 의미를 고스란히 전달하는 통역관 역할에 충실하다.

삼랑진 지나면 구포나루
발꿈치 붉게 물들어도
서두르지도 앞지르지도 않으며
을숙도에 올라 신발을 벗는다

모르고 젊어진 수레바퀴
걸을 적마다 발바닥에 잡힌 물집
구름이 꼬여도 주지 않는 눈길

스쳐 보낸 찔레꽃 유혹은
갈대숲을 적시는 바람이 된다

논병아리 자맥질하는 한낮
산은 발을 담그고
푸른 머리칼을 빗는다
깊이를 알 수 없는 낭떠러지로
떨어진 단풍은 흑백이 된다

일부러 구불구불 먼 길 돌아도
종점으로 떠밀려 가는 윤회
한 번도 본 적 없는 남해바다
더 많은 강물 가두었다가
늙지 않는 소금이 된다

「늙지 않는 강」 전문

이 시는 박재곤이 드러내고자 하는 이미지들이 종합적으로 함축되어 있다. 전원과 고향의식, 식물에 대한 애정이 깊게 드러나는 작품이다. 바다에 다와 가는 강물의 조용하고 내밀한 풍경을 차분하게 그려낸 것이다. 어쩌면 황혼기에 접어든 인간의 모습을 그곳에서 발견해 내는 일이

될지도 모르겠다. 진득하거나 끈끈한 고뇌 없이 쉽게 풀어내는 철학적 단상이 녹아 든 수채화다. 뒷맛이 깔끔하게 느껴지는 작품이지만 여운이 길게 가지 않는다. 왜일까? 그것은 너무 관조적인, 관망자적인 시선이 객관화 되어 이미지가 충돌하지 않고 순응하기 때문일 것이다. 어쩌면 오래 살아 본 경험들이 모난 돌의 모서리를 죄다 두드리고 깎아내 버린 조약돌 같은 모습이 되어 버린 그의 시다. 그래서 쉽게 읽혀지는 이유이기도 하다. 그런 중에도 존재를 표현하는 이미지에서는 깊은 사색을 엿볼 수 있다. '깊이를 알 수 없는 낭떠러지로/떨어진 단풍은 흑백이 된다'는 시행은 바다에 다 와 가는 강물과 세월을 이기지 못하고 떨어진 단풍을 대비 시켜 삶의 긴 여정의 끝을 보여 주고 있다. 더불어 '일부러 구불구불 먼 길을 돌아도/종점으로 떠밀려 가는 윤회'와 같은 명상은 불교적 윤회관에 닿아 있기도 한다.

시인이 시를 쓰는 행위는 내면에 잠재된 의식을 언어로 풀어내는 행위이다. 그렇기에 시는 시인이 관심을 집중하고 있는 사물이나 사건에 집착하게 되고 그것을 풀어냄으로써 정신적 해방감을 갖게 된다. 이것을 카타르시스라 부르기도 하지만 시는 의미적 요소인 진술은 정서적 목적에 예속된다는 명제에 충실해야 하는 것이다. 자신이 취급하려는 제재와 논리적으로 관계가 없이 진술하거나, 은유 혹은 기타 수사 기법에 의하여 논리적으로 관계없는 대상 등을 표현하거나, 논리적인 무의미의 세계를 노래하기 때문이다. 그러나 이 점이 바로 감정을 표현하기 위한 시의 특성이기도 하다. 시는 논리적인 접근을 할 수 없는 것이 바로 감성을 통한 의미의 접근이 이루어져야 하기 때문이다.

느릅나무 가지에 앉아있던
여윈 빛살이 쫓겨 가면

심장은 신발을 벗고
숯가마에 몸을 담근다

알갱이가 검을수록 열어지는 잠결
히말라야 설산이 다가오고
동해바다 미역 내음도

탱자나무에 걸린 연을 찾으러
혼자서 부르던 노래

마음속에 불빛 하나 켠다

칠흑에 갇혀
요정과 춤을 추는 산 속에서
자목련과 나는
한 이불을 덮고 잔다

「밤」 전문

이 시의 제재는 '밤' 이다. 일상적으로 찾아오는 밤이 아니다. 여기에 등장하는 소재들이 다양하다. 신발을 벗은 심장, 그리고 숯가마, 희말라야 설산, 동해바다 미역 내음, 탱자나무에 걸린 연, 혼자서 부르던 노래, 마음속에 불빛, 요정과 춤을 추는 산속, 자목련, 한 이불 등 이처럼 넓게 퍼져 있는 제재들이 모여 시적 화자의 밤을 형성하고 있다. 그들끼리 긴밀한 관계를 형성하지도 않으면서 화자의 복잡한 일상을 던져 주고 있다. 이들은 일상과 관련이 있기도하고 전혀 일상과 관련이 없는 것들도 있다. 그는 왜 낯선 일상들을 가지고 왔을까? 바로 꿈꾸는 일이다. 꿈 속에서는 안 되는 일이 없다. 화자는 불가능을 가능 속으로 이끌어 가고 있다. 시가 자유로운 상상력으로 만들어지는 이유이기도 하다. 자목련과 한 이불을 덮고 자는 풍경은 상상만으로 행복해 지는 일이다. 그가 나무박사이거나 식물학자가 아니라도 말이다.

박재곤의 작품에는 고향의식과 더불어 숱한 생물들이 등장한다. 박재곤 시인이 주로 관심을 갖고 있는 것은 식물에 관한 것들이다. 식물들 중에서도 주로 나무와 야생화와 꽃에 관한 접근이다. 그는 오래되거나 수형이 아름다운 우리 나무들에 깊이 매료되어 있다. 아름다운 나무가 있다는 말을 들으면 어디든 달려가서 확인해 보는 열정을 지녔다. 조경에 관심을 갖고 있어 그에 관련 자격증을 소지하고 있는 것으로 알고 있다. 그의 작품에 등장하는 동물과 곤충을 살펴보면 피라미, 매암, 잠자리, 논병아리, 달팽이, 고추잠자리, 까마귀, 팔색조, 멸치, 참새, 병아리, 밴댕이, 박새, 참숭어, 닭, 멧새, 고등어, 다람쥐, 팔색조, 물잠자리, 다슬기, 부엉이, 직박구리, 돌고래, 괭이갈매기, 거북, 은어, 제비나비, 박새, 간고등어, 휘파람새, 풀무치, 고라니가 있으며 꽃과 식물들로는 돌미나리, 유채꽃, 수선화, 치자, 용담, 구절초, 풍란, 꽃양귀비, 쑥, 찔레순, 모, 청보리, 감, 박하, 달개비, 금낭화, 복사꽃, 갈대숲, 우무가사리, 함박꽃, 도토리, 연꽃, 풍란, 국화, 들국화, 산국, 살구꽃, 목화, 수국, 엉겅퀴, 산철쭉, 양대콩, 다북쑥, 섬초롱, 꽃무릇이 있고, 나무로는 붓순나무, 생달나무, 까마귀쪽나무, 천년 해송, 구실잣밤나무, 가래나무숲, 고목, 단풍, 동백숲, 느릅나무, 자목련, 낙상홍, 산다화, 야자수, 아왜나무, 굴거리, 벚나무, 잣나무, 목단, 차나무, 푸조나무, 석류나무, 동백, 종려야자, 쪽동백, 떡갈나무, 대팻집나무, 쇠물푸레, 물오리나무, 늙은 소나무, 산벚나무, 고로쇠단풍, 미인송, 서어나무, 감나무, 겹벚꽃, 석류, 팽나무, 영춘화, 태산목, 붉은 소나무 등이다. 일반적으로 볼 때 한 권의 시집 속에 이렇게 많은 종의 식물과 곤충, 그리고 나무가 등장하는 일은 흔치가 않다. 쉽게 작품에 접근해 갈 수 있는 방법론으로서 시에 사용된 제재를 살펴보는 것도 좋은 방법이기 때문이다.

시간을 타고 내려온 강물이
모래톱에 어깨를 놓는다

떡갈나무숲 속 옹달샘에서 태어난 몸
낮은 곳으로 떠나며 자랐어도
언제나 모자라는 마음은
세상 끝없이 배가 고프다

쉬었다 가라는 갈대의 속삭임도
회귀하는 연어의 춤사위도
눈에 영원할 줄 알았는데
떠나온 기슭 풀뿌리가
들려주던 노래 다시 그립다

〉
모난 돌부리에 채이고
나무뿌리에 긁힌 상처 추스르며
낮은 곳으로 다시 떠나기 위해
쉬어야 하는 모래톱
벌써 몸은 바다가 되어
발끝부터 출렁거린다

「강물의 정거장」 전문

강물이 지닌 원형은 미시적 관점으로는 우리 삶을 나타내거나 생명을 드러내 준다. 그러나 거시적으로 볼 때 시간 즉 역사성을 간직한다. 강이 생성되어 흘러내리다가 바다에 이르기까지의 과정이 사람의 한 평생과 비유해 드러내기 쉽기 때문이다. 강은 많은 의미를 우리에게 던져 준다. 강에 흐르는 물은 곧 생명을 기르고 생명을 포용한다. 물은 정화한다는 특성과 생명을 유지시킨다는 특성이 결합되어 보편적인 호소력으로서 순수와 새생명을 상징하는 말이 되었다. 죄를 씻고 새로운 정신적 생의 시작을 상징하는 세례의식을 상기해 보면 더 명료해질 것이다. 생명의 물로써 태아가 느끼는 양수와 같은 것으로 강한 은유적 요소를 지니고 있다. 물을 담고 가는 강은 더 큰 의미망을 형성하며 자란다.

무섬마을 외나무다리 아래서
천렵을 한다
원을 그리며 날아가는 투망사이로
초록색 여름이 스쳐지나간다
모래톱에 앉아 푸르름으로 다가오는
산 그림자를 기다려 본다

다슬기가 조그만 입술을 오물거리며
내게 일러 준다
피라미 담은 양동이 엎질렀다고
꿀밤 먹이던 큰 형님

구름타고 하늘로 올라
물잠자리가 되었다고
칠월에 무섬마을 다리 아래서
산 그림자로 다가오는
형님을 만났다

「물잠자리」 전문

그의 시적 공간은 과거 지향적이며 유년기와 고향에 머물러 있다. 지나간 추억에 갇혀 있다는 의미이기도 하다. 어린 시절 겪었던 아름다운 추억을 되새김한다. 추억은 누구에게나 아름답게 기억되기 마련이고 또 많은 느낌으로 다가선다. 그러기에 시로 풀어내기가 쉽고 많은 시인들이 자신의 어린 시절 고향에서 겪거나 느꼈던 정감을 형상화시킨다. 어떻게 차별화 하는 것이 문제다. 그는 단순히 고향이라는 의미 공간에 머물러 있지 않고, 자신을 키워준 고향으로 의미를 확장한다. 그것이 곧 어머니라는 것이다. 그의 시는 바로 고향의식이며 고향은 어머니로 귀결된다.

'텃밭에 달빛이 놀다가' '지청구 소리' 쑥떡, 두레박, 누룽지, 부지깽이, 여울목, 돌탑, 옹달샘, 고추대, 숯가마, 미역내음, 돌부리, 나무뿌리, 모래톱, 유년의 싸리골, 죽방렴, 후리그물, 가마솥, 밀짚모자, 자색 고구마, 오소리굴, 배추, 고구마순… 그의 시 곳곳에서 발견되는 고향 이미지들이다. 지극한 고향 생각에 가닿은 의식은 한 곳으로 집중해 간다. 그곳은 어머니와의 추억이 새겨진 집이며 마당에 서 있는 굽은 소나무에서도 어머니의 모습을 읽어낸다.

귀 시린 날 말없이
사립문 내다보는 소나무는

빈 뜰을 지키는 어머니다
치렁하던 머리칼 한 올 뽑아낸 자리
솔새가 파먹다 남긴
빈 솔방울이 잠들어 있다

소한 아침 영하14도
후식 후 커피 마실 무렵에야
어머니 안부가 궁금하다

헐벗은 몸으로 감당하는 칼날 추위
벗은 발에 버선이라도 신겨 줄 것을
눈밭에 찍히는 동동 걸음의 신음
하얀 입김 허리에 두르고
싸락눈은 발등 위에 떨어진다

길 떠난 상수리나무들이
아궁이에 불꽃으로 되살아날 무렵
저녁 굶은 그믐달을 품에 안고
형형한 눈빛으로 넘어 온
겨울산 중턱에 허리 휜 어머니

「겨울 소나무」 전문

온갖 곤충과 풀과 나무들이 그의 의식을 차지하고 그것들은 곧 고향으로 귀결되는 공간을 만들어 낸다. 그의 시는 어머니에게 가기 위한 길이었고, 나무와 각종 동식물들과 함께 고향으로 찾아 들었으며 그곳에서 만난 이가 바로 어머니였다.

나무 액자 속 방으로 옮기신 뒤
어머니는 밖이 궁금하다
미나리 새순에 햇살 내리고
범부채 꽃잎에 박힌 주근깨

"올해 감 농사는 우째됐노?"

숯 알갱이 밀려오는 한밤이 싫어
대숲 속 직박구리 울음도 지쳤다

빗소리 가늘게 웅성거리면
몸을 곧추 세우신 어머니
들락거리는 바람소리 보듬어 재운다

액자 속 방으로 옮기신 뒤
부르는 노래 곱고

낡은 수건 자리에 걸려있다

평생을 쓴 것만 삼키신
그림 속 어머니
흑백으로 내 맘에 걸렸다

「흑백 사진」 전문

이 작품은 이 시집 맨 마지막에 실려 있는 시다. 내 맘에 걸려 있는 어머니의 흑백 사진이다. 박재곤이 그려내는 고향의 중심에는 어머니가 자리한다. 뜨락에 소나무로 서 계시던 어머니는 어느덧 방안에 흑백 사진으로 모셔지고 시적 화자에게 농사에 대한 걱정까지를 살아 생전의 모습과 말투로 대화를 나누기까지 한다.

박재곤 시인의 시는 어머니로 귀결된다. 이 시집은 돌아가신 어머니에게 헌정하는 시집이다. 마지막에 이 시를 발견하고 나서야 박재곤의 작품 세계가 한 눈에 들어왔다. 고향 회귀의식이나 식물적 상상력, 그리고 나무들에 관한 단상들, 이런 것들이 무엇을 향해 서있었는지 이 시를 읽지 않고서는 이해가 되지 않았다.

그러나 그의 목가적 상상력은 다분히 과거 지향적이다. 앞으로 시의 영역을 현재적 시점으로 이동할 필요가 있겠고 평면적인 진술보다는 입체적 상상력을 차용하여 보다 더 능동적으로 본질에 접근하려는 노력을 경주해야 할 것으로 보인다. 시인은 현재적 삶을 통해 내면 세계를 드러내는 것이 가장 바람직하며 진실에 가깝게 접근할 수가 있다. 과거는 이미 과거 시인들에 의해 노래로 불리워졌고 그 시적 공간은 독자들에게 벌써 익숙해져 새로운 세계를 열어 전달하지 못할 것이다. 첫시집에서 많은 것을 요구할 수는 없겠지만 앞으로 전개해야 할 세계를 위해 사족으로 덧붙이고 싶다.